죽향 김인호 제3시집

옹달샘,
새 물 솟아오름이 진한 행복 아닐까

옹달샘,
새 물 솟아오름이 진한 행복 아닐까

죽향 김인호 제3시집

순수

* 서문 : 한국문인협회 시분과회장 박영하

축하드립니다 김인호 선생님.

2번째 시집 『하늘 속 규방에서』에 서문을 써 드린 적 있습니다.

벌써 시간이 흘러 십여 년이란 세월이 가고 3번째 시집 『옹달샘, 새 물 솟아오름이 진한 행복 아닐까』에 또 서문을 부탁 받고 몇자 적어 봅니다.

예절을 가르치는 교수님으로 익히 잘 알고 있습니다. 몇 년 만에 만난 김인호 선생님은 철학박사 학위를 받고 겸손하고 당당하게 제3집을 상재하신다고 합니다.

전에나 지금이나 예절을 벗어나지 않는 것을 절실히 몸으로 느끼며 연세 가리지 않고 손님 대접을 정중히 하시는 분입니다.

시집을 탄생시킨다는 것은 물질, 정신적으로 많은 에너지를 필요로 합니다.

최선을 다해 출간하는 제3시집이 시단의 주목을 받아 대성하시기를 소원드리며 다시 한 번 축하드리며 건강건필하시기를 바랍니다.

사)한국문인협회 시분과 회장
박영하

* 시인의 말

조용한 숨이 흐릅니다

 제2시집 『하늘속 규방(閨房)에서』를 상재 후 17여 년 만에 제3시집 『옹달샘, 새 물 솟아오름이 진한 행복 아닐까』를 묶었습니다. 그동안 시상들이 묵정밭에 뿌려져 자라고는 있었지만, 향기롭게 기르지 못한 아쉬움에 크게 성찰하고 있습니다. 행복하고 편안한 마음으로 쓰기 시작한 시는 나의 살아가는 의미이었고, 내면 어디에 시심이 고여있다가 나를 흔들곤 하였습니다. 하지만 시집으로 엮는다는 것은 여러 가지 여건상 참 어렵고 두려웠습니다. 그러나 두려운 마음을 뒤로하고, 턱없이 미숙한 시편들이라 하더라도 저에겐 소중한 삶의 편린들이기에 조심스럽게 용기를 얻었습니다. 이번 시집에는 특별히 등단 전부터 습작했던 시초詩草 일기 등 쪼가리들을 일괄 정리 퇴고하여 준비된 시편들과 함께 묶어 보았습니다. 지워졌던 삶의 속내들이 한 편의 시로 이루어질 때 큰 기쁨이었습니다.

 '5상五常'은 '삶의 우주적 원리'이고 '인간 존재의 도道'입니다. 이 다섯 덕목은 단순히 유학자儒學者들의 도덕 교훈만이 아니고 '인간과 인간', '인간과 자연', '인간과 사회', 그리고 나 자신 삶의 관계를 조화롭게 만드는 '우주적 법칙'이며 깊은 '철학의 나침반'입니다. 따라서

이번 제3시집은 제1부 '인仁[天倫]'으로 시작, 시작詩作을 가족에서부터 비롯하였고, 제2부 '의義[사랑]', 제3부 '예禮[고향]', 제4부 '지智[자연]', 제5부 '신信[참삶]'으로 분류하여 엮어 보았습니다.

바쁘신 중에도 불초 소생의 졸시 묶음 『옹달샘, 새물 솟아오름이 진한 행복 아닐까』의 해설을 자상하게 해 주신 정연수 문학박사님께 진심으로 감사드립니다. 또한 공사다망하심에도 흔쾌히 '서문'을 써 주신 한국문인협회 시분과 박영하 회장님께도 심심한 감사를 드리며, 월간 『순수문학』 박선범 편집장님과 편집진에게 고마운 마음 전합니다.
부족한 시편 시편을 읽어주시는 독자분들에게 깊은 감사의 마음 전합니다. 앞으로 큰 감동 드릴 수 있는 시품을 천착할 수 있도록 많은 응원 부탁드립니다.
감사합니다.

2025년 9월 높푸른 하늘이 참 아름다운 날
서울 충무로 是閑齋에서
竹香 김 인 호 謹言

| 차 례 |

* 서문 / 한국문인협회 시분과회장 朴永河
* 시인의 말 / 조용한 숨이 흐릅니다.

제1부 仁 [天倫] - '사랑'으로 시작하다.

그리운 아버지(先考 第10週忌 追念) • 21
우리 아버지 (1) • 24
진분홍 그리움(先妣 第6週忌 追念) • 26
우리 어머니 (1) • 29
어머니 사철 손맛 • 30
커다란 거울 • 31
되감는 예순한 번 연침年針
 － 반포지효反哺之孝, 꼭 실행하여야 한다 • 32
할머니와 콩나물콩 • 33
매길 수 없는 값 • 34
당신과 바사기 • 35
부부의 정례情禮
 － 옹달샘, 새 물 솟아오름이 진한 행복 아닐까 • 36
자초한 불행 • 37
버팀목 • 38
수족지애手足之愛 • 39
효자손 • 40
어미, 아비의 사랑 • 41
사랑 마음 • 42
아침고요 (1) • 43
'장미'와 '샛별' • 44
한 아름 행복 • 46

제2부 義 [사랑] - '정의'로 지탱한다.

사랑나무 · 51
숫저운 부부 · 52
아름다운 사랑 · 53
도타운 사랑 (1) · 54
도타운 사랑 (2) · 55
어느 참한 부부 · 56
푸르름과 붉음 · 57
우아한 자태 · 58
겸손 (1) · 60
꽃 사랑 · 61
낮은 곳, 낮은 소리 (2) · 62
하얀 사랑 · 63
황금 호박의 예지 · 64
참삶의 사계四季 · 65
커피와 연애 (2) · 66
커피와 연애 (3) · 67

| 차 례 |

제3부 禮 [고향] – '존중'으로 질서를 잡는다.

첫만남 바닷가 • 71
겸손과 비움 • 72
가을걷이 촌옹 • 73
고향의 맛 (1) • 74
고향의 맛 (2) • 75
고향의 맛 (3) • 76
고택古宅 지붕에 암, 수 산다 • 77
존귀한 상像 (1) • 78
아깝지 않은 마중물 • 79
울증, 애쑥콩죽으로 달랬다 • 80
밭 가는 부부 • 81
손맛의 예술 • 82
향수 – 아련하면서 안타깝구나 • 83
고향의 그림 '옛정' • 84
향수에 젖어지는 '꽃님이'
 – 진달래꽃 입다물기 전 말 못한 소원 하나 빌어본다 • 85

제4부 智 [자연] – '지혜'로 길을 찾는다.

우리나라 국화 '무궁화' • 89
아침고요 (2) • 90
신선 비빔밥 • 91
들국화 (1) • 92
들국화 (2) • 93
하늘정원 • 94
군자君子 중의 군자 • 95
절친 사이 • 96
청보리밭 (1) • 97
청보리밭 (2) • 98
천사나무 아닌 인동초忍冬草 • 99
가시연蓮 • 100
존귀한 상像 (2) • 101
황금이불 – 영혼을 노랗게 적시고 싶다 • 102
건강 충전의 분별 • 103

| 차 례 |

제5부 信 [참삶] - '믿음'으로 관계를 엮는다.

행운의 길 열쇠 ⑵ • 107
초가을 인생 • 108
낮은 곳, 낮은 소리 ⑴ • 109
윤회의 사계 • 110
참수련의 바람[希] ⑴ • 111
큰길[大路] 오른다 • 112
사람됨됨이 - 인仁·의義·예禮·지智·신信 • 113
바람[希]의 삶 ⑴ • 114
바람[希]의 삶 ⑵ • 115
마침표 향한 올바른 쉼표들 • 116
쉼표와 여백 • 117
셋 마음 • 118
꿈[夢]의 세계 • 119
언어 수단의 '웃음' • 120
도道에 가깝게 ⑴ • 121
휴지기休止期 - 인생은 '숨과 쉼'이다 • 122
경전經典의 힘 ⑴ • 123
말의 힘 • 124
선비 ⑵ • 125
행복의 실천 • 126

해설 · 정연수 / 「김인호 시의 정감적 윤리에서 만나는 삶의
　　　　　　온도와 시심의 진정성」• 127

제1부

仁 [天倫] – '사랑'으로 시작하다.

追念의 글

참삶 실천하신 우리 아버지[先考]「金基우燮우 聖徒 第10週忌」에 올리는 추념追念입니다.

> 우러러 존경하는 선친先親께서는 1916년 한참 더운 여름날(음 칠월 열사흘날) 탄생하시어, '일제강점기'와 '6·25전쟁' 등 '혁명과 격동'으로 이어진 격랑激浪의 시대를 겪어내시고, 상천上天도 어쩌면 2000년 한더위 (음력 유월 열나흘날)에 하셨습니다.

그리운 아버지

"너희들 흩어지지 말라. 흔들려서는 안 된다.
아홉 남매 모두 우애롭게 잘 살아야 한다."는
당신께서의 간곡하신 말씀
오늘도 불효자의 귓가에 뚜렷이 떠오릅니다

서쪽 하늘 장맛비 구름속 멀리
당신 계신 곳 두루 살펴봅니다
반가이 불러주실 것도 같은데
붉어진 볼에 서녘바람만 스쳐가네요
효 다하지 못한 통한痛恨의 늦깨달음은

더 높아진 하늘만 우러릅니다
당신께서는 세상에 오시어
자식들 위해 남김 없이 다 주시었고
참사랑으로 오달지게 지켜주셨습니다
오늘처럼 한여름 저녁이 되면
당신께서 일구신 너른 마당에서
누렁이암소 '따~알랑 딸~랑' 워낭소리 맞추어
상심한 꼴을 참 맛나게 먹었습니다
쑥과 생풀의 모닥불로 모기 쫓아내고
밀대방석 펼쳐 깔아 놓고 당신께서의
'싸아~싹 싸아~싹' 새끼 꼬시는 소리와
영롱한 남색 별빛에 비치어지는
그 울림에 흐르는 구름과 달, 별을
마주하며 별밤지기하던
그 행복의 추상追想들을 되뇌입니다
아버지 그리운 마음이 한없이 깊어집니다

미수米壽에도 못 이르신 생애生涯에
권솔眷率들 '배곯을까', '추울까' 노심초사하시며
날마다 해마다 버거워지는 짐 지고 걸으셨습니다
살아계시는 동안 조금이라도 헤아려드렸더라면…
못내 아쉬움만 그득히 차오릅니다

이제 당신께서는
저희들의 높은 산이십니다
그리고
하늘과 땅을 오르내리시는
바람과 구름이 되시었고
꽃과 나비가 되셨습니다

사랑하고 존경하는 아버지!
신성神聖의 그곳 영원한 천국에서
아름답고 평화롭게 계십시오.

* 존경하옵는 先考 10週忌(음 2011.6.14.)에 올림.

우리 아버지(1)

아버지는 나의 첫 영웅이십니다. 내가 이렇게 어른이 되어서도 올려다볼 수밖에 없습니다. 울아버지 9살 때 할아버지께서 돌아가시고 할머니와 작은아버지 두 분, 고모 두 분 가정의 소년가장이 되시었고, 23살에 울엄마 맞이하시어 저희들 아홉 남매를 책임지으셔야 했던 우리 아버지의 어깨가 얼마나 무거우셨을까? 돌아보면 마음이 짠하고 안타깝기만 합니다. 좀처럼 웃음을 보이지 않으시면서 무뚝뚝하고 퉁명스러우셨던 우리 아버지이셨습니다. 어렸을 적 우리들은 아버지가 너무 어려워서 병아리들처럼 엄마 곁에서만 맴돌았습니다. 아버지 앞에서는 주눅이 들어 쭝덜거리기 일쑤였습니다. 저희들이 공부를 잘해 상장을 받아와도 그 당시 등 한번 두드려주지 않으셨습니다. 헛기침하시며 사랑채로 나가시면 우리들은 기다렸다는 듯이 어머니를 둘러싸고 별별 얘기 다 나누며 하하호호 웃음의 세상이었습니다. 아버지는 끝끝내 아버지일 뿐 평생 어깨를 지게에 내어주시고 고된 농사일에 등뼈마저 굽으셨습니다. 그토록 강하셨던 우리 아버지께서 세월에 지친 노인이 되실 거란 생각마저 못하였습니다. 돌이켜보면 우리 집안의 짐을 다 짊어지셨던 고단한 아버지이셨습니다. 그래서 잠시라도 희희낙락하며 자식들의 재롱을 받아줄 마음의 여유가 없으셨던 아버지의 깊은 속마음이 이제서야 익히어집니다. 허리 굽고 지친 몸으로도 가족을 품고 책임지셔야 했던,

아버지의 삶을 헤아리지 못했던 철없던 시절이 많이 부끄럽습니다. 어렵고 힘들었던 우리 가정을 지켜내신 대단하셨던 아버지를 짠해지는 마음으로 늦게나마 이해하고 '우리 아버지'라는 이름으로 사셨던 당신을 존경합니다. 그리고 그리워하며 추모합니다. 아버지란 실컷 울 장소도 없는 슬픈 사람이란 걸 깊이 깨닫습니다. 이제 우리 집안과 자식들 걱정 다 내려놓으시고 편안하신 그곳 하늘나라에서 부디 영원한 삶 누리시길 기도 올립니다.

＊음 2003. 6. 11. '3주년 忌日'에 올림.

追念의 글

참사랑 주신 우리 어머니 [先妣] 「金庸字女字 勸士 第6週忌」에 올리는 추념 追念입니다.

> 공경하여 사랑하는 우리 엄마께서는 화사한 봄, 생기복덕일 生氣福德日(1924. 3. 24.)에 탄생하시었고, 귀향도 곱고고운 꽃향 피어나는 봄날(2017. 3. 11.)을 꼽아 승천 昇天하셨습니다.
> 아름다운 축복으로 어머니께서는 늘 봄 햇살처럼 따스하고 포근하시었으며, 유난히 꽃사랑이 많으셨지요!
> 지금 어머니께서 계신 천국 天國에는 만발한 꽃들의 신비로운 잔치가 장관이겠지요?!

진분홍 그리움

늘 겸손하고 겸손하게
스스로 낮은 자리 찾으셨던 당신!
집안의 가장 큰 어른이 되셨을 때도
당당함, 오만함이 없으셨기에
아들, 며느리, 딸, 손주들이나 일가친척들,
그리고
친지들에게까지도

소소한 그 무엇 하나
요구하신 일 없었던 당신이었습니다.
당신께서 승천하신 후
저희들은 더욱
어머님의 그 향기로운 인품에
새삼스런 감격으로의 감동입니다.
꼭 닮아가고 싶습니다.

더욱 보고 싶은 당신이시여!
삶이 참으로 고단하고 괴로울 때면
더욱 그리워져 "엄마, 엄마" 찾으며
소리 내어 실컷 울고 나면
후련할 것 같다가도
차마 속울음 속에서 불러보는
가장 따뜻한 이름 '엄마' 당신입니다.

공경하고 사랑하는 우리 어머니!
눈으로 뵈올 수 없고
손으로 만질 수 없더라도
맑은 영혼[=精神]이신 당신과의 소통으로
희망 속 따뜻한 위무 잘 받고 있습니다
우리 모두 행복한 삶 누리고 있답니다.

숭고한 덕성으로의 참사랑 심어주신 우리 엄마 '6주기 추모예배'를 조금 이른 저녁 시간에 당신 계신 곳에서 당신의 셋째 자부 '조규숙 장로'의 집전으로 여덟 남매가 합해진 하나의 마음으로 곡진히 올려 드립니다만……
엄마께서도 많이 흐뭇하시지요?
사랑하는 울엄마!
전지전능하신 하나님 품속에서 아버님과 함께 맑은 영광 누리시면서, 부디 당신들께서 아끼시는 이 아홉 보배들의 건강과 희망을 각별하게 살피어주시옵소서!
그리고 충만한 성령 속에서 평화롭게 영면하시옵소서!!

癸卯年 음력 삼월 열하룻날
不孝子 둘째아들 '仁鎬'가 삼가 올립니다.

우리 어머니(1)

연년이 텃밭 잡초와 싸우시며
산촌 매운 연기 시집살이와
궁색한 살림에 헝클어진 실타래
곱게 풀어내신 울어머니 마음항아리
오래전 숯검정 되셨으리라

아홉 남매 구순하게 건사하시느라
허기진 배 거친 식사로 달래시고
추위에도 성근 옷만 걸치셨던 울엄마
넓디넓은 보자기 마음은
한 번도 흔들린 적 없으셨다

팔질까지 백탄으로 불태우시며
촘촘하게 엮어내신 인고의 비단결이
이제사 짠한 마음으로
인동 덩굴의 뜨거운 어머니 가슴을
오래오래 안아드리고 싶습니다.

20050507

어머니 사철 손맛

연둣빛 봄꽃냉이, 달래, 햇쑥 나물에
갖은 풋내의 푸성귀 곁들이어
음양陰陽까지 맞춘 오방색 비빔밥이다

참이슬 먹은 적상추와 쑥갓 쌈밥에
콩밭 속 웃자란 풋풋한 열무 솎아
밀가루풀 푼 물김치의 맛 일품이었다

갓 찧어낸 햅쌀 햇서리태 콩밥에
여리여리한 솎음배추 된장국은
오관五官이 놀라 북받친 오감 춤을 춘다

동지섣달 기나긴 밤 출출할 때
황금색 고구마에 동치미국물은
환상적인 어머니표 밤참이었다

음양 오행 따라 음식 궁합 맞추신
예술의 향기 당신 사랑의 손맛은
환갑 진갑 지난 지금도 많이 그립습니다.

20060420

커다란 거울

머스매 둘 건사하는 것도
쉽지 않은 일이라는걸 깨닫는다

아홉 남매 기르시는 동안
진액 다 빠져버린 빈 껍데기로
처연하신 아버지와 엄마 초라하기만 하다

불혹의 나이 되어서야
숯검정된 엄마, 아버지 마음자리가
조금은 보이는 듯하지만
아직도 어설픈 삶에
얼마나 헤아려지겠는가

당신들의 고비고비 힘드신 세월에
인고의 삭은 가슴이 대형거울입니다
아버지, 어머니
자랑스럽습니다
존경합니다
그리고 사랑합니다.

19880507

되감는 예순한 번 연침年針
- 반포지효反哺之孝, 꼭 실행하여야 한다

큰 뜻이 있어 태교·육아 교육 공부에 열중하다가 이순, 환갑에 이르러 팔질八耋의 엄마와 포옹한다. 61년 전 우리 엄마 우주 속에서 다양한 지혜 모아 실행하신 참사랑의 참태교에 감사한 마음 그지없다. 그 소중한 태담의 사랑이야기를 가슴 깊숙이 화려하게 채워주셨고, 영·유아기에도 정성 다 하신 사랑으로 양육해 주시었거늘……
엄마께로 향한 사모思慕함과 그리움이 사뭇 피어오르는데 서녘 하늘 따사로운 햇살이 나의 목덜미를 따갑도록 때리며 지나간다. 오늘 우리 엄마께서의 드높은 참사랑에 이 불효자는 뒤늦은 참회懺悔에도 턱없이 모자람 투성이다. 다시 한번 크게 성찰하면서 오늘 하루라도 부드러운 식사로 올려드리고, 천연덕스러운 자장가로 편안하신 꿈길을 챙겨 드리는 시늉을 한다.

20081224

할머니와 콩나물콩

어렸을 적 우리 할머니
구수한 '콩쥐팥쥐' 이야기 푸시며
개다리소반 차려놓고
하얀콩 널리어 놓으시면서
콩나물콩 함께 가리시잔다
돌과 콩깍지는 아예 날려보내고
벌레 먹은 콩, 반쪽짜리 함께 모으며
온전한 또래들만 떡시루 바닥에
조용 조용히 앉혀놓으신다

또랑또랑한 하얀 동무들은
참참히 나리어주는 소나기 밥을
남김없이 모두모두 맛나게 먹고
쑥쑥 솟아올라 리듬 엮는다
악보 밑 가라앉은 음표, 쉼표들
맑은 물에서 신나도록 춤춘다.

20051115

매길 수 없는 값

온화한 모습으로
덕음德音과 함께 상긋거리며
마음속과 눈앞에서
여낙낙히 머물러 있다

서붓서붓한 바람으로
안방, 건너방, 거실 넘노닐며
무겁게 처진 가족들 어깨 위를
매만지며 감싸안아 그느른다

어제나 오늘이나
밝고 새로운 슬기와 정기는
환하게 비추이는 햇살과
자연의 마파람에
드솟는 옹달샘 물이다

숙부드러운 당신의 수발은
사랑의 가족에
비타민이고 엔도르핀이다.

19951015

당신과 바사기

청초한 홑 꽃잎의 백매화가
백옥의 잇바디 달았다
곱다시 벌어진 고운 맵시에
알살 살며시살며시 훔친다
여 사군자 선비향의 매력에
마음 가득히 설레여진다

조심스런 마음으로 굼슬겁고
푼푼함까지 갖춘 당신 앞에
염치가 없는 바사기이다
말문 막힌 채 초라한 모습으로
마음만 촉촉이 적시어지면서
용기 잃은 채 겉잠으로 날 샌다.

19850315

부부의 정례情禮
- 옹달샘, 새 물 솟아오름이 진한 행복 아닐까

'동산회'* 산행 중 특별 오찬이다
청정의 횡성한우타운에서
소 한 마리 사르르 녹는 순간
사랑의 아내에 대한
정리情理와 예의가 아닌 듯
갑자기 무거워지는 마음이다
애산가인데 함께 하지 못한
집사람 향한 아쉬움이
풍광 좋은 설악의 비경에
마냥 심취하면서도
짠하여진 가슴 텅 비워졌다
부부 사이란
마음의 창 닫지 말고
이중문까지 활짝 열었을 때
마주하는 눈빛이 더욱 아름답다.

* 동국대학교 총동문회 등산모임.

20010918

자초한 불행

조심스레 징검다리 엮어져
하얀빛 사랑의 싹으로
푸르른 연리지 되었고
핑크빛 감동의 씨줄과 날줄로
반짝이는 두 별도 창조하였다

포동포동 결실의 황금가을 꿈꾸며
열심으로 오르던 삶의 중간 매듭에서
바사기의 어리석음과 조급함으로
심한 상처 깊이 안은 당신
뼛속까지 슴배는 선혈이 훤하다

단, 하나의 사랑
꼬였던 감정의 더께와 오해의 앙금
이제 하얗도록 씻어내고
연리지에 붉어질 참열매에
정성 다한 금빛 덧칠로 환하게 밝히리라.

19851210

버팀목

웃자라버린 하늘 아래 천사나무
비비람에 한쪽으로 기울어져
파르스름한 꽃손 바치어 세우니
튼실하지 못한 꽃대에
듬직한 사람인(人)자 되었다

비듬스레 서 있는 바사기에게
염치없는 부접 아니되도록
것 질러주는 짝꿍의 겸공이다
평화의 지팡이이며
온전한 사랑의 버팀목이다

당신이 함께 하기에
'평온하고 화목한 가정 지켜진다'
깊은 지혜로 받쳐주니
기대면서 깨닫는 바
힘이 솟는 참사랑이다.

20100507

수족지애 手足之愛

'손과 발'은 한번 끊어지면 다시 붙이기가 쉽지 않다
'동기간'은 손과 발처럼 소중하기에
동기간의 우애는 수족지애 手足之愛이다

동기간은 무한함이다라고 믿는다
동기간은 언제라도 편안한 사이이어야 한다
동기간은 기댈 수 있는 버팀목으로 든든하다

동기간이 있기에 큰 어려움을 이겨낼 수 있었고
동기간이 있기에 디딜 수 있는 둔덕이 있었으며
동기간이 있기에 견딜 수 있어서 덜 힘들었다
동기간이 있기에 큰 슬픔일 때 눈물 함께 흘리고
동기간이 있기에 기쁨에는 웃음 함께 나눌 수 있었다

동기간에게 "참 고맙습니다"라고 인사한다

사랑하는 동기간들이여!
지금껏 쌓아 올린 행복동산 더 높이어야 한다
더 많이 아끼고 사랑하여 돋우고
더 많이 살피고 배려하고 양보하며
더 많이 감사하고 이해하는 지혜를 모아보자

수신과 수양하고자 자신부터 다짐하고 다짐한다.
20150315

효자손

어느 틈엔가 달려드는 황혼에
한낮 기울어진 대낮 우두커니 앉아
허전한 마음 홀로 붙잡아 달랜다

생각지도 못했던 효자손
집 속속들이 정리하다 눈에 밝히었단다
막내가 수학여행 다녀오면서
할아버지, 할머니에게 드렸던 선물이다

멋대가리 없는 아들에게 등 보이기 싫고
곰 같은 남편에게 부탁한들 시원치 않을 듯
보이지 않는 등 효자손이 담당하는데
그토록 시원 시원할 수가 없단다

보이지 않는 등 구부린 채
자자히 긁어 올리는 모습에
마음 여린 사내 가슴속이 짠하다.

20131208

어미, 아비의 사랑

자식은
어미, 아비에게
소중한 선물인 보배이고
세상 그 어떤 꽃향도
새끼 향에는 미치지 못한다
보배 중 보배, 꽃중의 꽃
열쭝이들을 위해서라면
넓은 지붕이 되어야 하고
촘촘한 울타리로
방패막이가 되어야 한다
보배에게 진한 향 채워주려면
천만 가지 모든 것 다 내주어
텅 비어져있는 가슴으로라도
기꺼이 달려가야 한다

내 사랑의 두 별 '홍鴻'과 '철澈'에게
다하지 못한 사랑 참 아쉽고 아쉽다.

19951224

사랑 마음

칭얼거리며 할미 품속으로
파고드는 빨간 장미*가
직신거리며 시실시실 거리는데
안에 있는 마음 들리지 않는다

꼬무락꼬무락하는데
가려운 곳 알지 못한다
속내 구석구석 찾아주는 로봇처럼
시원하게 해 주어야 하는 마음만 앞선다

지극한 사랑 마음으로
눈빛과 소리 마주하며
어루만지고 토닥이며
아낌 없는 정성만 가득하다.

* 2006. 10. 13. 오전 11시 37분 태어난 맏손녀 '志祐'.

20061210

아침고요*(1)

향기 가득 송백림 속에
짙은 안개구름 걷어 낸
축령산 계곡 원예수목원에
고향집, 허브, 능수, 분재, 돌나라,
하경, 약속, 한국, 에덴하늘, 달빛 등
아침고요 마당에 모여든 정원들이다

창조, 세상만사, 기이한 작품의 수형들에
들꽃향이 달빛 정원에 흠씬 적셔지면서
마음속 고향의 애틋한 그리움을 찾는다
푸르름의 숲 사이사이 영롱한 햇살이
아침고요의 낙원을 활짝 여나니
세상에 벌, 나비들 삼삼오오 날아든다.

* 2008. 5. 4(일). 가족들과 함께 경기도 가평군 상면 행현리에 위치한
「아침고요수목원」을 다녀와서 지어보다.

20080530

'장미'와 '샛별'*

눈에 삼삼한 손주들이 한참 만에야
할미 할아비에게 안겼다
'장미'는 감기
'샛별'이는 중이염 치료로
오래간만에 안아보는 손주들이다

걸음발 타기에 조작거리던 '샛별'이
눈가 졸음이 방해하는가 징얼징얼이다
젖병 물리어 토닥여주니
새록새록 나비잠으로 코한다

새살 떠는 '장미'가
할아비하고 병원놀이 하잔다
할아비는 환자이고
'장미'는 의사, 자기가 원장이란다
문진도 하고, 주사도 놓아주고,
치료약 처방전까지 써주는 재롱둥이
네살박이가 관찰력이 신통하다

앙글앙글한 '샛별'이 입가 단내에
귀찮게 찾는 파리 한 마리에
손부채질 할미도 지친 듯

이쁘둥이 손자 옆에서 소르르 잠든다

― '장미'와 '샛별' 재롱받이에 가족 모두 큰 행복이다.

* '장미'는 손녀 '김지우金志祐', '샛별'은 손자 '김민준金珉儁'.

20100627

한 아름 행복*

우리 참별 '주원土原'이가 벌써
신비스러운 세상만사 바라보고파
턱만 보이면 디디고 오르길 열심이다
소파(sofa) 바닥 힘껏 움켜쥐고는
까치발 한껏 높게 올리어
올라가려다 넘어지고 넘어지면
다시 또 잡고 일어서 방긋거린다
힘에 겨워 양볼 불그스레하다

크고 동그란 눈 마주치면서
"안녕"하고 두 손 흔들어 반기면
보드레히 흔들리는 고사리손이다
형형색색 모두 다 입력시키려는
우리 이쁘둥이의 재롱 세계에
함께 여행 떠난다

말문 못 튼 손짓 몸짓 참 대견하고
옹알옹알 옹알이가 반갑고 기특하다
신명나게 흔드는 '도리도리짝짝궁'에
온 가족 웃음의 함박꽃 환하게 피어나니
우리 모두 하얀 마음으로의
한 아름 행복이구나

오늘도 우리 가족은
'주원'이의 싱그러운 순수 마술에
함빡 걸려있는 중이다.

*손자孫子 '주원主原'이의 '첫돌'을 맞이하면서 습작한 졸시拙詩.

20170815

제2부
義 [사랑] – '정의'로 지탱한다.

사랑나무

고향집 뒤꼍 양지바른 장독대 양 옆
사랑의 자귀나무가 성성盛盛하다

빛발 치는 낮 햇살과
그윽한 밤 달빛의 조화에
분홍색 곱게곱게 피어나는
신혼부부 사랑나무다

감추어진 핑크빛 사랑
마냥 수줍어하면서도
밤사이 서로 포개어져
어제도 오늘도 꽃잠 이룬다

푸름푸름의 새벽이슬 담은
새 아침이 부르면
새색시의 맑고 환한 문안이다.

19990609

숫저운 부부

맑은 호수 속에 잠긴 밝은 저 맷방석
잠시라도 물결 일렁이면
하얀빛 부서지고 금새 일그러진다

호숫가에 잎 떨구고 늘어진 능수버들
가느다란 실바람에도
하느작거리는 긴 팔이다

가만한 바람마저 깊이 잠든 밤
긴 팔 벌려 찌그러진 보름달빛에
밤의 부르스 한 곡 청한다

아름다움의 운명적 긴 밤 역사에
한 올 두 올 채색 비단 엮어가는
찰떡 인연의 꿈 합환合歡으로 이룬다.

19771120

아름다운 사랑

'야래향'과 '하늘아래 천사나무'가
딸년들과 아들놈이 되었다
허약해질세라 아침저녁
우유곽 부시어 공양하고
몸흙으로 북주기와
꽃손도 세워주면서
외로울까 두런두런 속삭여 준다
사랑에 취한 딸년들
밤 내리면 안개 향기로 온 집안 적신다
그 향 아까워 천리 만리 나누려
이웃집, 뒷동으로 시집 보냈더니
더 진한 향 품고 친정으로 마실 온다
유들유들한 아들놈 또한
가득한 정성 좋아좋아하더니
넓은 그늘의 정자나무 되었고
주렁주렁 거꾸로 매달린 황색등의
으스대는 빛이 대단한 장관壯觀이다.

20010718

도타운 사랑(1)

베란다 밖 스멀스멀한 눈꽃송이다
달항아리분 굽어진 매화 가지에
피어오르는 송이송이가
시퍼런 입술 되어
파르르르 몸살이다

수줍어 발그스레한 저 꽃망울의
터질듯한 화심의 본색은
땅의 눅눅함에 너글너글하련만
등 뒤에서 설레어지는 마음으로
아끼어 보담아주니
넌지시 미소 짓는다

깊이깊이 젖은 마음에
맑은 향이 번지어 흐르길
묵주默珠 한 알 한 알에 염원한다.

20100210

도타운 사랑(2)

농염한 홍매紅梅가
융동설한에도 꽃피울 차비 한다
영혼까지 요염한 몸채의 매향은
꽃받침, 꽃기둥, 꽃술 모두
신선하고 우아하다

바른손 내미는 당신은
고운 빛 깊이 감추고
달려가는 세월 붙들은 채
불멸의 영혼 속에서
해어화解語花 된 듯
그 눈빛 정 가득하구나

지순至純의 천사 마음이고
심학心學의 멋진 향기이다.

20110220

어느 참한 부부*

봄날, 마주 앉은 꽃길이었는데
벌써 가을의 불씨가 되었단다
참한 부부의 은근히 부푸는 정리情理는
닥쳐지는 겨울 추위도 몰아낸단다

타오르는 여름길 같이 걸었는데
함께 맞이한 서늘한 가을이란다

참한 중년부부의 잔 주름살 속에는
마침내 아름다운 꽃봉오리 피어오른다

참한 부부의 사랑이란
봄의 꽃길 여행보다
온기 식는 겨울밤을 깊이 안아줄 당신과
또다른 '당신의 마음을 잘 안다' 는 것이다.

* 점잖고 마음 너그러운 나와 절친 부부이다.

20080515

푸르름과 붉음

마을 어귀 먼 들녘에
아침햇살의 숨결에 맞추어
푸른 꽃이 곱게 피어난다

밤이슬 마르지 않은 싱싱한 잎들이
살랑이는 바람결에 속삭인다
붉은 기다림의 푸르름이라고

푸르름은 그리움의 새벽이었고
꽃잎은 만남 모두가 사랑이었다
붉음은 피우지 못한 한밤중 꿈의 세계다

이루지못한 꿈의 세계에서 깨어나
속내의 푸르름이 마침내 이루어지는
눈부신 붉음으로 터져 나와야 한다.

20080515

우아한 자태

향긋한 미소의 신데렐라
굽 높은 댄스화 잡아맨
여린 호랑나비가
훨훨 날아 소풍한다

우아한 댄싱 당신
두텁던 겉 껍질 벗어버린
속 껍질에 귀여운 새싹이다
붉으스레 달아오른 양 볼과
말잠자리 나래 펴지니
들썩여지는 어깨와
예스러운 허리선으로
파트너 어깨에 살짝기 얹히는 예술이다
말끔하고 귀여운 참한 손맛이고
넘치는 에너지의 기운마저 전해진다

환관宦官들의 보호나
시녀들의 도움을 받는 것도 아닌 채
신나는 노랫소리만이 당신을 에두루고
환상의 댄서 당신의 따스한 손길을
꿈속에서나 닿아본다

그리고
흐릿한 장막 속에서나 보일 뿐이오
그렇게 해사한 모습으로 가분한 몸의
고운 선녀 댄서 천상에서나 만날까
아, 아쉽고 아쉽다.

20110510

겸손(1)

당신이
으뜸 중 으뜸인 것은
세상의 내로라하는 꽃동산에서
화사로움이 더해서가 아니라오

당신이
이토록 맛있는 향기로움은
꽃더미의 꽃향 가운데
제일 짙어서만도 아니라오

당신이
가장 아름다운 것은
숱한 꽃 작품 겨루기에서
빼어난 자태 때문만도 아니라오

당신으로부터
적시어진 진정한 감동이
나의 심원에 환한 웃음 피워준
낮은 자세의 그 우아함에서라오.

20070430

꽃 사랑

구경 중에 구경 꽃 세상 구경은
환상 아닌 세계적 별천지*이다
친구 따라 산 넘고 물 건너온
신선한 꽃향과 생생한 매력의
곱고 소담스런 꽃송이들이다

하얀꽃, 빨간꽃, 노란꽃, 파란꽃 등
우아한 미소의 유혹이 만만찮다
'빛이 참 곱다' '향기가 매혹적이다' 며
순백의 가슴 사뭇 설레어진다

풋풋한 백합꽃 한 송이는
즐거움이 몽실몽실 피어오르고
신혼꿈에 장미꽃다발 한아름은
방울방울 하트가 겹치고 겹친다
'어버이 은혜 감사합니다'의
꽃바구니 행복은 덩실덩실 춤사위다

안겨주는 이 하얀 마음의 천사 웃음이고
받아안은 이 감동의 함박 웃음이다.

* 2017. 5. 11.「고양국제꽃박람회」다녀와서 짓다.
20170513

낮은 곳, 낮은 소리(2)

가리어진 자리에 있어
안보이듯이 조용하고
낮고낮은 아가의 옹알거림이
성聖스러운 엄마 마음속에는
곱고 맑게 잘 보인다

낮은 곳
낮은 소리에서
위대한 에너지가 발산이 되며
부드럽고 고운 힘이
세계 평화도 이루어낸다.

20180520

하얀 사랑

마음 속 깊숙이 심어 둔
백합화의 하얀 사랑은
신선한 뿌리이었어라

꽃길에 안겨진 탐스런 꽃
그 꽃다운 향기의 꽃멀미에
설레이는 마음으로 흠뻑 취한다

흐드러진 하얀 꽃의 하얀 마음
밝게 비치어지는 보화이다
고이 받들 사랑 당신이어라

지극히 높고 순결한 꽃맺이에
이 삶 다하는 날까지 함께 누리는
푸른 희망으로 붉은 행복 이루리라.

20070610

황금 호박의 예지

성묫길 풀숲 속 우아한 좌선의
달덩어리들 황금 빛깔 인사에
둘째집 큰사촌 "보신에 좋다"면서
제일 큰 덩어리로 냉큼 챙기어준다

여친인양 두 팔로 안아 가슴에 품었다
소담스런 황금색 달덩어리가
거실의 왕관 난분 사이에서
오랫동안 기쁨을 선사했다

때에 이르러 반쪽달로 가르니
시뻘겋게 쪼그라드는 뱃속에
생명수 목마르도록 말라가도
자식들을 귀히 품고 있었다
엄마는 이렇게 상해가는데
숱한 아해들은 자리 다투면서도
모두가 온전하다
늙어진 에미의 후덕스런 지혜는
귀한 종족 번식의 책임감이리라

쉼터공원 구석구석에 모두 시집 장가 보냈다.

20080525

참삶의 사계四季

샛바람따라 흘러진 길에
봄꽃 연분홍의 아쉽던 풋사랑은
멀리서부터 희미하도록 묻히어버렸다

푸르름 덮인 여름 낙원에 은빛의 꽃비로
숱한 담금질은 짙은 향기 품어 내며
바람[希]의 성근誠勤으로 곱게 엮어졌다

진실한 사랑 베품과 겸손, 배려로
짙은 향 피워내는 꽃돗자리에서
빨갛게 잘 여문 가을 이룸에 감사한다

참삶에 적시어진 검은 때 하얗게 지워
어련무던한 발자국 남기는 것으로
겨울 서녘의 고운 꽃맺이 맞이하는 것.

20050612

커피와의 연애(2)

외로움 가득 모인 토요일 아침이다
하늘거리는 커튼 등진 채로
너와 함께하는 이 여유로움은
나만이 누리는 작은 행복이다

적적하던 마음에 다가온 너가
한 모금 한 모금 빈 가슴 채워주나니
그 어느 가인보다도
더없이 애틋하다

그윽한 향과 달콤한 맛의 그대여
다음 주 토요일 이 시간에
오늘보다 더 진할 밀회에
벌써부터 너의 맛 설레여진다.

20210327

커피와의 연애(3)

여유 꺼낸 찻잔 속에
고독감과 반가움, 두 스푼 그리고
나이 한 스푼 더 보탠다
중독 아닌 중독은
너의 깊고 진한 향기에 쫓기듯
입술 마주쳐 살짝 맛본다
쓴맛 속에 어우러지는 신맛
그리고 입 안에 감도는 단맛이다
번개처럼 쫓아오는
시간이 두려워지면서
나의 삶 꼭 닮은 커피 맛이다.

20210513

제3부
禮 [고향] – '존중'으로 질서를 잡는다.

첫만남 바닷가

산골짝의 순박 소년이
벼르고 별러서 또래들과
대천해수욕장 첫 나들이다
'철썩' '처얼~썩'
처음 듣는 파도소리가 무서웠다
바위에 몸을 때려 털어내는
넓고 검푸른 바다의 충격이
몸부림칠 듯 싸늘한 느낌이다
멍석처럼 둥글리어 던져지는 몸
철썩이며 부딪치는 그 아픔소리에
뼛속까지 함께 저린 듯하다
붉게 타던 맷방석의 해가
지평선에 지글지글 빠져 들어간다
더 늦기 전 집으로 돌아가려는데
'끼룩끼룩' '끼루룩'
눈물 흘릴듯이 서글프게도 끼룩댄다

서글피 끼룩거리는 갈매기도
거친 파도 소리도
더는 들리지 않고
더 보이지도 않는다.

19630805

겸손과 비움

봄날, 그립던 고향 들린 김에
그윽한 고택故宅 두루 둘러본다
뒤 울안 외진 곳 덤부렁듬쑥 사이에
파릇파릇 새 닢 펼치어
바짝 엎드려있는 아기민들레
내 눈과 마주한다

낮게 엎드린 저 민들레
이제 여름 맞으면서
자줏빛 줄기 하나 곧게 세우고
하얀 꽃잎 조용히 퍼트리며
고운 꽃의 꽃술을 이루어내면서
비로소 속내 훤히 보여줄 것이다

그리고 한동안 활짝 웃고 있다가
빨갛던 해 가물거리고
쌀랑쌀랑 산꼬대 삭풍 일면
흰 관모 다 흩트려 보내고
줄기 속마저 메말라 주름진 채
안질뱅이로 고이 잠들 것이다.

19900328

가을걷이 촌옹

비탈진 산자락 천둥지기 지키며
찹쌀벼 농사에 총총걸음으로
허리 휘어지도록 가꾸어 이룬
마지막 정성이 눈물겹다

보석과도 같은 햅찹쌀을
큰 애에게 한 가마니
둘째에게도 한 가마니 손질이다
"맏사위도 찹쌀밥을 참 좋아하는데…"

촌수村叟의 마음 그림은 벌써
차지도록 반지르르 김 오르는 햇찹쌀밥의
구수한 향이 자식들에 모락모락이다
힘 빠진 손발에 다시 근력 솟는다

황금 평원의 평화로운 햇살이지만
숫저운 촌로에게 날아든 소슬바람은
등살 구겨지는 올 가을도
또 한 겹 야속스레 포개어야 한다.

19991010

고향의 맛(1)

유년시절, 질금질금 장마철 원두막 바닥에
배 깔고 동화책 읽던 빈이, 순이, 옥이
그리움 담아 고향의 여름을 맛 본다

흑머루알 닮은 그대 벙그레벙그레
그 선한 눈망울 떠 오르면
그리움이 더욱 환상으로 젖어진다

백옥같던 너 갑작스레 그리워지면서
부풀어진 심장 사정없이 셀레어진다
소담하고 하얀 목련 여인이 되었다면서.

19710725

고향의 맛(2)

환상적인 농막에서
바깥세상 아득하게 멀리한 채
갓밝이 멥새들의 정스런 부름에
지치어진 육신 일으켜 세운다

멀리 떠났던 옛친구 찾아왔다며
가슴속에 묻었던 하얀 마음을
탐스런 포도 송이 속에 알알이
모두모두 담아 안기운다

탱글탱글 여물어가는 포도송이
순수한 눈으로 먼저 맛 보는데
향긋함이 깊은 옛정의 참맛이다

진솔한 밤의 묵혀진 우정은
고향 산천에 흠씬 적시어 둔채
"오랫동안 남겨 두자" 말했다.

20000808

고향의 맛(3)

박속처럼 하얗고 부드러운
사랑의 정 듬뿍한 초가집 골방
소년의 요람지로 새삼스럽다

달랑달랑 워낭소리의 예스러움과
풍작 이룬 아버님들 풍악소리 선하다
사랑나무 가지들 실바람에 연애하고
앞산 알밤 우두두두-ㄱ
뜻하지 않는 환상곡幻想曲에
설레어지는 오감五感이다

가파른 호흡은 벌써
세월 그러저러히 흘러지나니
고향 옛정의 맛 꿈속이어라

쉼 없는 봄, 여름, 초가을까지
폭포수로 흘렀으면서도
일곱 빛깔 무지개 색상을
아직도 갖추지 못한 아쉬움이다.

20000930

고택古宅 지붕에 암, 수 산다

운치韻致있는 옛 집이다
하늘 향해 살짝 들어올린 팔작처마에
다 차오르는 달이
슬며시 내려와 앉는다
두텁도록 겹쳐지는 세월 속에서
빛과 바람 자유로이 넘나든다
여유롭게 확 트인 숨구멍으로
보금자리 속 모든 생명을
수컷과 암컷이 지키고 있다
도톰하고 넓적한 암컷과
길쭉하면서 둥근 수컷이
위용威容 뽐내며 빛을 내비친다
수컷은 암컷을 보호하며 감싸고
암컷은 수컷을 사랑스레 받쳐주니
음양의 환상적인 조화로움이다
교교皎皎한 달빛은
한동안 암, 수 곁에서 잠들고
월색 품은 지붕의 골들에
절정의 흥취와 정서는
본디의 심상心像이리라.

20001010

존귀한 상像(1)

맑은 머리와
하얀 마음으로
고개 숙이고
허리까지 낮추며
속 깊은 자신감으로
남 먼저 높이어 앞세워 주며
조용히 살아가는 할미꽃이다
젊어서 꼬부랑은
보랏빛 꽃잎 곱게 열었다가
때에 이르르면
다소곳이 꽃잎 닫지만
늙어서도 그냥 꼬부랑이다
저 할미꽃의 높고 귀한 삶
고이 받든다.

20010525

아깝지 않은 마중물

고향 옛집 부엌 앞
지하 암반층에서 솟구치는
석정수 끌어올리는 펌프는
물 한 바가지 먼저 들이킨 후
'쏴~아', '쏴~아' 폭풍물 쏟아낸다

'꼬르륵', '꼬르륵' 하면
물 한 바가지 먹여야 산다

민춤하고 불민하기만 한 너*
찾아오는 행운만 잡으려 하면
잠들어 있는 재기才氣 깨우지 못한다
보석으로 다듬어지려면
오상五常 먼저 마중물 하여야 한다

그리고
사서 삼경과 절친하면서
성현 군자 공경하여 맞이한다.

* 자신을 지칭.

20000305

울증, 애쑥콩죽으로 달랬다

내키지 않는 일에 기분만 울적하고 축축한 기운 서린 오늘이다. 아침나절 자투리 시간에 무거운 마음 한가득 싸 들고 피어오른 아지랑이결 한강가 물둑을 심난한 마음으로 배회하는데, 연둣빛 한껏 머금은 애쑥가족이 방긋방긋이 반기어준다. 우리 엄마 젊으셨던 시절에 이맘때면 식솔들 저녁 끼니로 챙겨주셨던 애쑥콩죽 맛이 불현듯 떠오른다. 잠시동안 애쑥무리에서 참하고 말쑥한 것만 솎고 솎았는데도 한 줌 가득 채워진다. 집에 도착, 먼저 하얀콩에 꿀꿀한 마음까지 훌훌 다 덧뿌린 후 낡아진 개다리소반에 다 쏟아놓고 썩은 콩, 되다만 콩, 그리고 우울 덩어리까지 다 가리어내었다. 한참 후 부르르 끓어오른 온콩끼리의 콩죽 맛을 서둘러 입매 해본 후에, 싹둑싹둑 자른 아기 쑥들 신나도록 투영시키니 연녹색 향의 새로운 맛에 어렸을 적 입맛 그대로 회향(懷鄕)할 수 있었다. 이렇게 마음 다독이고 나니 그동안 매조지도 아니되고 막혀있던 벽두께를, 한 겹 한 겹씩 벗겨낼 지혜와 기미가 힐끗힐끗 보이기 시작하는 것이다. 따라서 어둡던 마음도 한결 가볍고 환해진다.

20190323

밭 가는 부부

겨울 떠난 새봄 이른 아침
안개 산뜻이 걷히지 않은 산골짜기 밭
쇠죽 끓는 냄새가 먼저 머무른다

지아비는 쟁기 잡고
지어미는 황소 끌며
한 고랑 한 고랑 봄을 가꾼다

바짓가랑이 걷어 올리고
몸빼치마 치키어 졸라매며
날 선 호미와 쇠스랑이로
거친 밭두둑에 정성 심는다
희망 가을의 황금 노다지
여유로이 여유로이 준비한다

한줌의 봄 햇살 이마에 얹으며
가는 세월 그냥그냥 버티지만
허리와 허리 어느새 구부정하다.

20130330

손맛의 예술

고택 툇마루 끝 햇살 디디고 앉아
무명저고리 덧대던 울엄마 우아한 바느질은
서툰 사랑을 꿰매던 따뜻한 눈빛이며
참한 손에 담긴 손맛의 예술이다

검지손가락 쪽쪽 으뜸 장맛의
된장 한 주걱 뚝배기에 집어넣고
손두부, 무채, 콩나물, 우렁이에
사랑 듬뿍 더한 엄마표 된장찌개는
입맛 돋우는 예술의 손맛이다

한 젓가락의 반찬에도 손맛 싣고
한 올 실에도 정갈한 마음 꽂는다
그 손 거칠지만 장색匠色이고
그 눈 아무런 말이 없지만 다 듣고
세상만사 다 읽고 본다.

20000909

향수
- 아련하면서 안타깝구나

불운의 호랑이해[庚寅年] 밟고 넘어
꾀 많은 토끼해[癸卯年] 맞았다
수구초심의 조심스런 첫걸음으로
고향 옛정을 더듬는다
낯설지않은 그리움의 에움길에
먼발치에서도 반기는 두멧구석들이다
방패연 높이높이 올리던 동산과
가슴팍 마음까지도 다 던져주었던
웃음 속의 해맑던 벗들이
아슴아슴하게나마 비추인다

마을 길따라 휘돌아보는 동안
눈썹 달빛마저 가물가물거리니
낯 익었던 골목길 마저
몽몽濛濛한 안개에 묻혀지고
갈고리 달마저 사그라지면서
짙었던 향수의 무거운 마음 다시
뒤안길로 흐릿하게 숨어버린다

오던 길 다시 되짚어 밟아야 한다.

20230105

고향의 그림 '옛정'

덧없는 세월 다그쳐 붙잡고
그립던 고향 살피어 그리려니
동무들의 옛정까지 보고파진다

빗소리처럼 맑은 시냇물은
속내 훤히 다 보여주고
눈부시도록 파아란 하늘엔
목화구름 방긋방긋 두둥실이다
갯가 버드나무에 업힌 참매미의
'민민' '민민' 노랫가락이 흥을 돋운다

시냇물 물고기 삶터에
작은 반두 비스듬히 쳐 놓고
좀 떨어져 소리치며 몰아가면
갑작스런 흙탕물 소란에 놀란
빠가사리, 미꾸라지, 붕어, 피라미 등
건져내는 쏠쏠한 재미에
해가 설핏해서야 집으로 돌아왔다

고향 산천은 평화로운 총천연색이다.

20130720

향수에 젖어지는 '꽃님이'
- 진달래꽃 입다물기 전 말 못한 소원 하나 빌어본다

대성사* 품고 있는
양달의 골짜기 더미더미에
너붓너붓한 연분홍 비단결의
가녀린 춤사위가 애처롭다

겨우내 시린 몸 기다려주던 님
분홍주름치마 곱게 매무시하고
싱긋싱긋 환한 미소에
가슴 흠뻑 적시어 있었다

피우지 못한 꽃망울에
숨기어 담아진 속내의
꽃보라 속 애잔한 사연을
소곳하게 말 없이 비껴간다

힘껏 당겨진 화살보다도
더 급한 세월 속에
고향의 그리움 스치어지는데
그 추억 야속하지만 행복하기를….

* 서울 아차산 중턱에 자리한 사찰.

20150430

제4부

智 [자연] – '지혜'로 길을 찾는다.

우리나라 국화 '무궁화'

봄빛 양지바른 전국 꽃동산에
첫 이슬 곱게 내려앉으면
무궁화 무궁화 조용한 웃음인사다
나라꽃 그 향, 은근히 가슴을 적신다

늦가을까지 열려있는 느긋함과
화품花品의 정아靜雅함, 그리고
아침에 피었다가 저녁에 시들음은
영고무상榮枯無常의 겸손이다

엄동설한도 굳건하게 버티고
꺾어 심어도 뿌리 내리는 생명력은
대한 국민의 강한 의지와 일편단심이
그 속에서 함께 숨쉬고 있는 것이다
피우고 또 피워내니 무궁화다
하양, 보라, 분홍 등 소박한 빛깔은
남녀노소 모두 의초로움으로
대동화합의 무궁한 다짐이다.

20000530

아침고요(2)

축령산 천사의 고운 마음들이다

곧게곧게 하늘 향한 소나무 잣나무 사이로
화려한 야생화의 파노라마와
천리향의 송백림 숲길 산책에서
희망으로 추스러진 마음 뿌듯하다

아침고요 속에 가부좌 튼
넓은 초록 융단의 대평원은
너와 나 모두 그리워지는
아늑한 엄마의 품속이다

침묵 속 깊숙한 끝자락의
사대부가, 부잣집 농가, 초가 뜨락엔
작약과 모란, 봉숭아꽃, 붓꽃까지
우리의 정서 듬뿍 담아낸 정원이다.

20080625

신선 비빔밥

빛 부신 햇살 내려앉은 산야에
겨우내 차가운 기운 떠 올리며
솟구치는 생명들이 반갑게 맞는다

방긋 웃어주는 쑥 몸 데워주며
매콤하지만 소화도우미 산달래와
싱그러운 맛 냉이는 뿌리까지다
여기에다
움켜쥔 애기주먹의 고사리
갓 터트린 뭉툭한 새순 두릅
연초록빛 엄나무 새잎 등
모두 버물리어 비빈 다음
고명으로 사랑 마음을 얹는다
쏟아지는 이른 봄볕에 시달리어
여러날 나른해지는 몸이다
입맛까지 잃어 밥투정 하였었는데
살아난 밥맛에 밥그릇만 키웠다.

20030410

들국화(1)

향기로운 당신이여
친구가 되어주오
나대지 않는 그 겸손함에
짙은 향 가득 서리어 쌓인다

초가을의 찬서리에
드러내는 맑은 얼굴은
햇살의 따끈따끈한 시련에
까무칙칙 짙어져간다

찬비 내려도 피하지 아니하고
덮여진 티끌과 흙탕물을
고요하게 내리는 빗줄기에
하얗토록 씻으며 닦아낸다

속간俗間에서 당신을 바보라 하지만
방긋하는 그 작은 웃음의 우아함은
진정 군자다움이며
그 넘치는 매력에 사랑을 고백한다.

20021010

들국화(2)

당신의 그 향내 덜어내려
약삭스런 잡풀들이 너도나도
앞다투어 나서고 오른다

다행히 골바람 친구가 있어
밤낮으로 위무慰撫 받고
맑은 이슬까지 머금는다

속마음 스스로 존중하여
담박淡泊하려 애쓰고
나대기를 삼감은 고아한 겸손이다

구차한 삶에서도 한결같이
군자의 체모 지켜내는 그 의연함에
사무치도록 존경하는 마음이 끌린다.

20021011

하늘정원

새봄 기운 열린 뜨락 모퉁이에
서로 앞다투어 피어지는
여린 새잎의 연둣빛 싱그러움이
꽃 향기보다 더 아름답다

가슴 시원스럽게 열고
'하늘마음 지키자' 며
안질뱅이꽃 가슴에 심고
그 하얀 마음 터앝에서 가꾼다

오만과 악의 씨 걷우어내고
허욕 벗어버린 순수 자연속에
고운 화음의 여운에 맞추어
너른해지는 하늘정원 꿈꾼다.

20030331

군자君子 중의 군자

고상한 품위와 우아한 용자로
흔들림없이 굳건히 이루어져
검은 흙에 묻힌 삶으로
소담스러운 꽃 열어주는
아름다운 미소의 연蓮이다
거짓이나 꾸밈없는 진솔함과
더러움 속에서도 하얀 마음이다
넉넉하게 매무시 잘 하고
맛있는 밥 먹다가도
과하다 싶으면
선뜻 머리 숙인 채
미련 없이 다 비워낸다
욕심과 집착 털어버리는
연蓮이야말로 상서롭고
군자 중의 군자이다.

20030710

절친 사이

'숲'은 산새들의 합주곡 소리와 사이사이의 향내가 참 넉넉하다. 마음과 몸이 지쳐 고뇌에 차고 힘겨워 땀 흘리는 당신들에게 잠시라도 골고루 쉬어가도록 배려한다. 또한 마음 속에 품은 여러 가지 무거운 생각들을 다 내려놓으라 한다. 그리고 삶의 숱한 슬픔과 기쁨들은 길 찬 이 숲나무들에게 다 나누어 함께 하자 한다.

'바람', 자유로움은 하늘과도 친구하고 땅 하고도 벗하고 있으니 '숲'아! 나와 같이 동행 하자구나. 가만한 '바람'으로만 보지마라. 그리고 분노토록 만들지 마라. 단번에 후려치기로 넘어뜨릴 수 있고 손과 발, 몸뚱어리도 꺾어버릴 수 있으며 뿌리째 뽑아 올리는 괴력怪力도 갖고 있단다.

너가 있어야만 내가 더 즐겁단다.

20130723

청보리밭(1)

차가운 기운 벗어나려
얼어 굳어진 땅 헤쳐내고
온 힘 다해 올라온 생명들의
속삭임은 푸르른 희망이다
하늘하늘 일렁이는
드넓은 파아란 바다다
초록의 물결이 파도치면서
두 눈 가득히 너붓거린다

청보리의 상큼한 향이 콧속 간질이며
'삐릿 삐릿' 길게 드리우는 여운은
추억의 해거름에 넋 잃은 채
넓은 가슴속 그 향기로 가득 채운다.

20140415

청보리밭(2)

가슴 깊이까지 가르마 튼
기다마한 이랑길은
갇혀 있는 초록 밀림이다
푸른 꿈은 춤추는 듯 굽어지며
스쳐 지나가는 밀어들
사르락사르락 들리고
종다리의 구수한 노래소리는
깊은 옛 생각 그리어낸다
목가적인 청보리에 취하니
가슴 뭉클한 옛사랑도 소환된다
출렁이는 녹색바람에
'삐릿' '삐릿' 보리피리 불며 즐기던
그 그리움에 사무친 채
하염없이 하염없이 거닐고 거닌다

여름이 오련하게 다가선다.

20140430

천사나무 아닌 인동초忍冬草

급작스레 깔린 찬바람속 늦가을
아파트 화단 귀퉁이에
툭 튀어나온 발과
보잘것없는 버얼건 알몸 보인다
'하늘 아래 천사나무' 다
쉬고 있던 달항아리분에
발부터 따스하게 흙이불 입히고
영양밥 배불리 먹였다
궁둥이 붙인 베란다 친구들에게
몸 낮추어 일일이 인사한다
손발 마르지 않도록 두루 보살핀다
긴 잠 자면서 얼마나 용을 썼는지
새봄 맞아 고개 가누기 시작하더니
윤기 번지르르 얼굴 쑤-ㄱ 내민다

온 사랑마음이었지만
겨우내 볕 줄기 찾아 잘 견디었나니
'인동초' 라 부른다.

20141030

가시연蓮

개흙 같은 진흙 속에서 삶의 맑은 심장 찾는다. 가로 뻗는 뿌리 따라 열여섯 소녀 같은 잔잔한 잎들이 뒤쪽에서 수런수런거린다. 방울꽃들을 헤치고 불그레하게 피어오르는 맑은 연꽃의 봉오리가 한낮에는 방글방글 웃어 보이고, 밤 되면 다소곳이 오므리는 그 자태와 도향塗香 같은 향이야말로 한 마디로 참 고아高雅스럽다. 방장과 함께 한 식찬에 숭숭 뚫린 연근의 유부 졸임은 그윽한 손맛의 일품이었고, 식사 후 차는 말린 연잎의 은근하고 우아함이 속인의 우렁잇 속 마음을 얄랑얄랑 하면서 바로잡아 가지런히 해주었다.
'성불成佛합니다.'

20060925

존귀한 상像(2)

아차산 중턱 고갯길에
수수하고 순박한 차림새로
흰 터럭의 솜털 뿌옇게 기르고
반갑게 손짓하는 할머니 계신다
허리 낮춘 용모와 자태로
너른 세상 다 굽어보시며
세상만사 다 보고 듣겠지만
말문 닫고 계시는 어르신이다
변변치 못한 채로
젊어서도 꼬부랑
늙어서도 꼬부랑이
늙으신네로 한평생을 지키신다
하늘 향해
고개 한차례 들어보지 않다가
때가 되면 한恨 다 풀어버리고
백발 흩날리며 조용히 사라지신다.

20070530

황금이불
- 영혼을 노랗게 적시고 싶다

환한 미소의 벚꽃숭어리보다도
사랑의 자줏빛 장미꽃보다도
더 찬란하면서 화려하다
아직도 숨기-氣 잃지 않은 채
우아한 황금빛 차림의 은행잎이다
스산한 바람에 하늘 향해 올랐다가
내려오며 맑은 노래 읊조린다
'오라' '오라' '오라' 사뿐 사뿐히
된서리도 덮어주는 따스한 이불이다

얼음 협곡 만나 벌벌 떨면서 걷는다
혹독한 아픔과 괴로움 버텨내어
그 무게만큼의 짙은 향내로
고아高雅한 단풍이 되어
황금이불 곱게 지어내리라.

20161120

건강 충전의 분별

집안 곳곳, 눈길 닿고 마음 머무는 곳에 신선한 화초로 작은 정원 꾸미어 본다. 옹기종기, 오순도순 생활 공간의 거실에 도톰한 잎사귀의 윤기 자르르한 고무나무와, 반짝반짝 빛나는 잎 조랑조랑 매달려 넌출까지 뻗어보는 벤자민은 공기 정화이다. 실내 습도 조절과 음식 조리 냄새 냉큼냉큼 빨아먹는 스파피필름을 주방 두서너 곳에 놓고 가꾼다. 한편, 침실 창문을 뒤덮을 듯 무성해진 야래향나무는 밤새워 음이온 방출의 불사조이고, 생명력이 강한 산세베리아는 침실을 지키겠다는 매력 넘치는 좋은 친구들이다. 은은한 향의 허브와 안정 지키는 치자나무, 라벤더 그리고 춘란과 군자난은 서재에서 의젓하게 꽃피워 향까지 던져주니 세로토닌 홈이다.

오늘도 쏟아지는 햇빛 몸 안에 담으며 한 시간은 족히 씨억씨억 걸었고, 주말에는 집에서 가까운 어린이대공원에 종일토록 묻히어 지낸다. 졸졸거리다가도 시원한 물 쏴아 쏴아 장단 맞추어 내리흐르는 소리와, 지절지절 산새 소리에 마음 편해지는 명상 시간도 갖는다. 세로토닌 연출이 불안증, 우울증, 불면증 해소에 짜릿한 행복감이라 믿는다. 늘 건강 위한 충전 가득 채우려 애쓴다.

20170501

제5부

信 [참삶] – '믿음'으로 관계를 엮는다.

행운의 길 열쇠(2)

아름다운 세상의 인연이다

도타움의 마음 쏟아
어제는 정성 담은 꽃국으로
오늘은 고슬고슬한 밥 나눔이다
나볏나볏한 겸이 겸이로
넌출 너르게너르게 이어져간다

인정세태의 당신과 나
가들막거리지 아니한다
마음밭에 정다운 맛 넘치도록
사근사근하게 가꾸어갈 때
웅숭깊은 숲길 펼쳐지리다

참삶의 길 여정에
암살부리지 않고 어련무던하게
미미한 복전福田이라도 올려가며
세상살이의 복덕 바람[希]으로
발 덧나더라도 늠연하게 내닫는다.

19780320

초가을 인생

봄, 여름
이미 떠났다
소슬바람의 초가을 맞아
여물지 못한 어접잡이 쭉정이다

엄마 마음과 하늘 마음 받든다
목화솜 처럼 하얗고 따뜻한 마음이다
선물로 받아 고이 닮고 싶어
수신의 묵주신공默珠神功 열심이다

그리고
안갯속 초가을 이 삶을
뒤로 늦출 수만 있다면
더 맑고 붉게 다듬고 싶다

넓은 가슴속에
환하고 멋드러진 봉오리 이루어
고운 향의 빠알간 꽃송이로 머물다
진정코 온전한 꽃맺이 이루리라.

20150228

낮은 곳, 낮은 소리(1)

것지르는 계곡의 함성은
맥 숨긴 숲속의 옥구슬 바람과
낮추어낮추어 흐르는 물소리이다
그 소리 웅숭깊은 산등성이까지
울려 번지는 그 청량淸亮함은
시비 화해의 평화 메시지이다

선비의 빛이 향기로움은
그늘 자리에서도 더 내려가는 겸손과
낮은 소리, 온화함의 미덕에서다
이 사랑과 배려의 향기는
천리 만리로 번지고 번지어
만인의 가슴을 크게 적시어준다.

20150725

윤회의 사계

윤회의 사계 시작 봄이다
울타리 너머 초록초록 새싹들이
찬란한 햇빛에 반짝반짝이는
싱그러움 속 희망의 기쁨이다

봄의 성장으로 맞은 여름은
밋밋한 청록향훈의 파동이다
높은 이상의 꼿꼿꼿 길 두드리어
다듬고 다듬어 멋진 보석 이룸이다

여름의 성숙으로 달려온 가을엔
향기롭게 익은 황홍색 파도에
소담스런 열매가지 고개 숙이고
비워졌던 곳간을 넉넉히 채움이다

가을걷이 걷우어 쌓아둔 겨울은
평화로운 휴식에 행복의 시간이다
도와 덕으로 이루어 놓은 숭고함에
후회없는 여명으로 현계顯界 지움이다

인생의 꽃피는 봄 다시 걸을 수는 없는가.

20151130

참수련의 바람[希](1)

새봄 찾아온 동산에
새 모습의 새싹들과
홍매화, 백목련, 영산홍 등이
수럭수럭 수런거린다

향기로운 꽃과
짙푸른 초목들 사이에
바보 아닌 무명초는
나서는 자신도 없고 용기도 없다
보이지 않도록 지워버리지 않고
도道를 얻기 위한 수련장에
마음 매만져질 곧은 자리 하나
비워지기를 그리고 있었다

그늘 자리에서 삐죽거렸지만
푸른 마음 선비의 발돋움으로
그윽한 군자의 길 밟았나니
기껍게 성현들 좇아 달리고 달린다.

20160331

큰길[大路] 오른다

만세사표 성인聖人은
바르지 않음이나 아첨이 없고
순진 무구한 아해兒孩는
거짓 없는 맑은 웃음뿐이다

애초의 본마음[天心] 좇아
사랑으로 익히는 인仁과 의義와
켜켜이 높이는 선善과 덕德만이
진정한 삶의 큰길이다

성자聖者로 오르는 길
아주 높고도 높지만
하늘 마음의 이정표 따라
한 발 두 발 밟아 올라가면 이르리라.

20171001

사람됨됨이
— 인仁 · 의義 · 예禮 · 지智 · 신信

사람은
세상 살아가면서
언제나
어디서라도
부끄러움을 알아야 하고
'사랑'으로 시작하여
'정의'로 지탱하여야 하며
'존중'으로 질서를 잡는다
밝은 '지혜'로 큰길을 찾아가며
배려와 양보하는 마음과
'믿음'으로 관계를 엮는다
그리고
일상에서는
제일의적생활第一義的生活과 함께
가려진 곳, 어두운 곳에
밝은 촛불이 되어
참빛 줄기의 역사役事가
이루어져야 한다.

20180810

바람[希]의 삶(1)

곧으면 흔들릴 수 있고
비워야 곧아지는 대나무는
흔들리면서도 꺾어지지 않는다
아름답고 당당한 삶이다

시원하게 텅텅 비우고 사는
속치레 당신, 참 단단하구려
폭풍우에 몸통 휘감기어도
엉키어진 뿌리 끄떡이 없다
선비들 도포의 녹죽綠竹 빛은
검소함이고 굳은 절개의 상징이다
속살 없는 죽부인도 군자의 몫이며
죽장 또한 선현들의 소박한 차림새다

당신의 마디진 뿌리 굳게 뻗어
길 찬 대숲 이룬 죽정竹亭에서
마디마디 속 비움에 대한 강학 쫓아
황홀한 낙조 밑그림 멋스레 그려본다.

20180925

바람[希]의 삶(2)

대나무 당신은
곧으면서도 참 강하군요

하늘 향해
곧게곧게 오를 수 있는 괴력[怪力]을
깊숙이 감추어 둔 채
함 뼘 한 뼘씩 자람이 감동이네요
삶의 휴지[休止]기에는
마디마디 속 텅텅 비우면서
멋지게 가꾸어지는 매듭은
얼음눈과 세찬 풍파에도
잠시 휘어는 질지언정
꺾이지 않는 그 유연[柔軟]함 대단하네요
그 삶 정중히 받들어 존경해요.

20181010

마침표 향한 올바른 쉼표들

일백오십 년 산다는 대나무
몸속 채우지 않아도 대단히 강하다
숨 고르면서 하늘 향한
마디마디는 높이높이 오른다
굽이굽이 볼록볼록 도드라짐은
꿈과 마음이 단단해지는 쉼표다

참삶 그리는데
쉼표 찍히어야 고비고비가 숭엄하고
그 깨달음의 멈춤자리에 이르는 것이다
한세상 깊이깊이 갈고 닦는데
바르고 고운 쉼표 많아야
아름다운 꽃맺이 이룬단다.

20191030

쉼표와 여백

떠나지 않는 불안과 초조에
사뭇 쫓기는 삶이다
몸과 마음 지쳐만 가는데
연습 없던 쉼표 하나도
제대로 그려지지 않는다

쉬는 시간, 노는 것 아니란다
음악천재 모차르트는
"음표보다 쉼표가 더 중요하다" 했고
동양화에서도
'여백 없으면 죽은 그림' 이란다

머무름표 찍어가는 삶은
사람살이의 과속 방지턱이며
따뜻한 차茶 한 잔의 음미 시간은
아름다운 마침표 향하는
여유로운 삶의 활력소이다.

20190801

셋 마음

하얀빛 '하늘 마음[天心]' 본받고
청청백백한 도원의 낙원 바람에
두 손 높이 든 간절한 비숙원이다

씨앗대로 이루는 '땅마음[地心]'에
넉넉하고 거짓없는 마음 가꾸려
고르고 또 갈아 북돋운다

가림없이 다 비추는 '물마음[水心]',
초롱초롱 이슬의 순수한 마음으로
다툼이 없는 삶의 길 가두어 익힌다

하얀 하늘 마음과 거짓 없는 땅 마음
그리고 가림 없는 물 마음을
몸 낮추어 공경으로 우러른다.

20200430

꿈[夢]의 세계

품고 있는 원한까지도
모두 묻어버린다
어리마리한 잠 아닌
깊고 긴 꿈의 세상에
푸욱 빠져버린다

심하게 헝클어진 명주실 타래가
곧 금수공단으로 짜여지고
신묘한 꿈속 길 세상에서
현실 같은 붉은빛 노을이 다가온다
슬픈 저 달 속도 꿈길이었나
고된 삶 속에서
슬픔과 설움 지우는 꿈의 세계는
'내일 향한 보약이다'
잊히기 어려운 숱한 기억들도
까맣게 숨어버리도록 지워버린다.

20161030

언어 수단의 '웃음'

장미꽃의 환한 웃음은
감동 전하는 행복전도사이다
일그러지는 억지 웃음과
눈꼬리주름 안 보이는 조각 표정은
진정한 웃음이 아니다
연예인 삶 속에서
무대 위의 연기 작품 웃음은
팬들과 시청자들의
시름 달래주는 도우미일 뿐이다
참사랑 엄마 눈빛 웃음은
아가의 배고픔, 즐거움, 괴로움 등
속내 웃음과 울음 다 볼 수 있어
완전한 소통이 이루어지는 것이다
진정한 웃음은
만방 공통의 언어 수단이다.

20210531

도道에 가깝게(1)

살아있는 몸은 부드럽고
번득번득 윤기가 넘친다
따듯하고 고운 마음 가질 때가
도에 가까운 것이고
속내에서 밝아지는 미소는
진실한 삶 걷는 지름길이다
바람[希]에서 욕심부리지 않고
속마음 텅텅 비워버리면
그것도 참삶으로 가는
도에 가까운 바른길이다.

20211110

휴지기休止期
- 인생은 '숨과 쉼'이다

풀잎들도 새벽 찬이슬 삼키며 자란다
봄 여름 가을 겨울이 순환하고
낮과 밤 정확히 바뀌면서 흐른다

해는
떠오르기 전에
그 깊은 어둠을 왜 껴안아야 하는가

꽃은
피어나기 전에
화심의 깊이를 어떻게 채워가는가

사람은
노는 것, 단순한 쉼이 아니고
'멈춤은 끝이 아닌 시작'이라는 걸 깨닫는다.

20220801

경전經典의 힘(1)

수사자의 포악한 외침소리
십 리 밖까지 울려 퍼진다지만
만세사표 성인聖人의
조용한 말씀 어록은
우주의 생명들이 다 알아듣는다
영원히 그 성언聖言 사라지지 않고
소중하게 엮어져 전해 내려오는 것이
보배스러운 경전經典이다
이 경전이야말로
사물의 이치에 영민하지 못한 이에게
깨우치도록 흔드는 희망의 빛이고
세상에 밝고 큰 울림 주는 등대이다
이 위대한 힘이 참삶의 지름길이다.

20230225

말의 힘

정 듬뿍 서린 푸근한 말 한마디는
모진 삶에 든든한 버팀목이지만
못된 가시처럼 뾰족뾰족한 입버릇은
살을 에는 고통만 줄 뿐이다

진실하고 순수한 사랑 고백은
굳어진 가슴도 감동의 문 열리지만
예禮도 갖추지 못한 말 한마디
불타던 사랑마저 차가운 얼음 된다

곱고 고운 당신의 말 한마디
아름다운 웃음의 꽃 피우지만
잔인스러운 입말 한마디에
진정한 삶 방해하는 상처만 크다

무한한 행복 가꾸는 말솜씨 키우려
늘 마음 먼저 곱게 다듬고 가꾼다
삶 속 감사와 사랑, 배려와 겸손은
위대한 힘과 황금 언어의 보물창고다.

20230918

선비(2)

당신이 부富를 올린다면
나는 사랑[仁]을 실천할 것이며
당신이 관작官爵으로 명성을 얻는다면
나는 의義를 좇아 인향을 품을 것이다
부富와 권세[힘] 앞에서는
소신 굽히지 않을 것이며
가난하고 낮은 신분이지만
고관 대작과 벗하여도 당당할 것이다

고귀한 신분 갖추었더라도
몸 낮추어 범인凡人들 대한다고
전혀 치욕이 되지 않는다
천지 자연에 대한 오묘한 진리와
사물에 대한 유현幽玄한 것들을
정관靜觀할 수 있는 혜안 갖추어
꿈[希望]을 이루어낸다면
흔연欣然한 대접과 공경을 받을지어다.

20240720

행복의 실천

한 해 동안의 일상에서
감사하고 사랑하는 마음과
용서를 구하는 용기는
기쁨 찾아오고 행복 불러오는
아름다운 삶의 진리이었다

하지만
삶에 많이 지쳐있다는 핑계로
감사했던 분들에게까지
고마운 사연 전하지 못했다
아끼지 말아야 할
깊은 사의의 마음 담아
짧은 인사를 한다

"감사합니다"
"사랑합니다"
"덕분입니다"
"송구합니다" 그리고
"모두가 제 탓입니다"
"열심히 살겠습니다"

   - 바른 마음이 곧 행복이다.
   20241230

✱ 해설

김인호 시의 정감적 윤리에서 만나는 삶의 온도와 시심의 진정성

정연수
(시인, 문학박사)

  김인호 시의 미학은 회고적 진정성을 바탕으로, 개인적인 경험을 통해 윤리적 삶의 회복을 지향한다. 이번 시집은 개인적 체험의 구체적 서사를 바탕으로 가족·부부·고향이라는 정서적 원형을 호출하며, 정감과 예의를 근간으로 한 인간 중심의 세계를 펼쳐 보인다. '인·의·예·지·신'으로 나누어져 있으며, 각 부문에서는 삶과 죽음, 사랑과 그리움, 일상과 회한 등 다양한 주제를 나직이 풀어낸다.

  효와 천륜의 정서적 복권은 '인(仁)–천륜' 부문의 시편들에서 가장 두드러지게 나타난다. 부모 세대에 대한 애도와 존경의 정조는 단순한 기억의 재현이 아니라, 한국적 가족 서사의 미덕을 상기시킨다. 시인은 시대적 변화 속에서 사라져가는 윤리적 가치를 되살리려 노력한다. 「그리운 아버지」에서는 "더 높아진 하늘만 우러릅니다"라는 존경과 회한의 언어로, 「우리 어머니 1」에서는 "촘촘하게 엮어내신 인고의 비단결"이라는 인내와 헌신의 비유로, 부모의 삶을 경건하게 복원한다. 이러한 정서는 시대적 가치의 균열 속에서도 흔들림 없는 '효심'을 중심으로 풀어내며, '사적인 것'에 머물지 않고, '공감 가능한 보편'으로 이행된다.

> 아버지는 끝끝내 아버지일 뿐 평생 어깨를 지게에 내어주시고 고된 농사일에 등뼈마저 굽으셨습니다. 그토록 강하셨던 우리 아버지께서 세월에 지친 노인이 되실 거란 생각마저 못하였습니다. 돌이켜보면 우리 집안의 짐을 다 짊어지셨던 고단한 아버지이셨습니다. (중략) 어렵고 힘들었던 우리 가정을 지켜내신 대단하셨던 아버지를 짠해지는 마음으로 늦게나마 이해하고 '아버지'라는 이름으로 사셨던 당신을 그리워합니다. 그리고 존경하며 추모합니다. 아버지란 실컷 울 장소도 없는 슬픈 사람이란 걸 깊이 깨닫습니다.
> ―「우리 아버지 1」 부분

> 아홉 남매 기르시는 동안
> 진액 다 빠져버린 빈 껍데기로
> 처연하신 아버지와 엄마 초라하기만 하다
>
> 불혹의 나이 되어서야
> 숯검정된 엄마, 아버지 마음자리가
> 조금은 보이는 듯하지만
> 아직도 어설픈 삶에
> 얼마나 헤아려지겠는가
> ―「커다란 거울」 부분

「우리 아버지 1」과 「커다란 거울」에서는 아버지라는 존재가 단지 가장이 아니라 '울 장소조차 없는 슬픈 사람'으로 묘사된다. "고된 농사일에 등뼈마저 굽으셨다"라는 진술은 신체의 고단함 속에 담긴 정신의 위대함을 드러낸다. 이러한 감정은 「커다란 거울」에서 "불혹의 나이 되어서야/ (중략) / 마음자리가 조금은 보이는 듯하지만"이라는 고백으로 확장되며, 부모를 향한 자식의 이해가 얼마나 느리게 도달하는지를 보여준다. 부모는 "진액 다 빠져버린 빈 껍데기"로 표현되지만, 그 속에는 자식 사랑이라는 채울 수 없는 마음이 고여 있다. 가족이라는 주제 앞에서 꾸미지 않은 묘사이기에 읽는 이의 가슴을 적신다.

> 애산가인데 함께 하지 못한/ 집사람 향한 아쉬움이/ 풍광 좋은 설악의 비경에/ 마냥 심취하면서도/ 짠하여진 가슴 텅 비워졌다/ 부부 사이란/ 마음의 창 닫지 말고/ 이중문까지 활짝 열었을 때/ 마주하는 눈빛이 더욱 아름답다.
> ―「부부의 정례情禮」부분

> 고향집 뒤꼍 양지바른 장독대 양 옆/ 사랑의 자귀나무가 성성盛盛하다// 빛발 치는 낮 햇살과/ 그윽한 밤 달빛의 조화에/ 분홍색 곱게곱게 피어나는/ 신혼부부 사랑나무다// 감추어진 핑크빛 사랑/ 마냥 수줍어하면서도/ 밤사이 서로 포개어져/ 어제도 오늘도 꽃잠 이룬다// 푸름푸름의 새벽이슬 담은/ 새 아침이 부르면/ 새색시의 맑고 환한 문안이다.
> ―「사랑나무」 전문

「부부의 정례」에서 "이중문까지 활짝 열었을 때/ 마주하는 눈빛이 더욱 아름답다"는 구절은 진정한 소통의 미학을 드러낸다. 부부관계란 단순히 사랑을 나누는 것이 아니라, 서로를 이해하고 소통하는 과정을 통해 더욱 깊어진다는 것을 보여준다. 부부 사이의 감정은 자연으로 치환되며 「사랑나무」에서는 자귀나무라는 상징적 존재로 나타난다. "밤사이 서로 포개어져/ 어제도 오늘도 꽃잠 이룬다"라는 구절은 한 편의 서정시로도 손색없으며, 시 전체에 은은한 사랑의 여운을 남긴다.

제2부 '의(義)-사랑' 부문의 시편들에서는 부부라는 이름의 조용한 연대가 잔잔하게 흐른다. 김인호 시인의 시세계에서 부부는 단순한 애정의 대상이 아니라, 삶의 풍랑을 함께 견디는 동반자이자 윤리적 관계로 그려진다. 이러한 부부관은 제1부 「자초한 불행」, 「버팀목」 등의 시에서도 발견되는데, 사랑은 뜨거운 감정보다는 묵직한 책임과 이해, 반성과 회복의 태도 속에 놓인다. 시인은 부부라는 공동체가 '조심스레 징검다리 엮어져'(「자초한 불행」)와, "평화의 지팡이"(「버팀목」)가 되어야 함을 은유적 서사로 드러낸다. 이러한 시편들은 한국 전통적 부부상이 품고 있는 덕목(겸공, 책임, 희생 등)을 시대의 정서에 맞게 재정리한 시도이다.

아침나절 자투리 시간에 무거운 마음 한가득 싸 들고 피어오른 아지랑이결 한강가 물둑을 심난한 마음으로 배회하는데, 연둣빛 한껏 머금은 애쑥가족이 방긋방긋이 반기어준다. 우리 엄마 젊으셨던 시절에 이맘때면 식솔들 저녁 끼니로 챙겨

주셨던 애쑥콩죽 맛이 불현듯 떠오른다. 잠시동안 애쑥무리에서 참하고 말쑥한 것만 솎고 솎았는데도 한 줌 가득 채워진다. 집에 도착, 먼저 하얀콩에 꿀꿀한 마음까지 훌훌 다 덧뿌린 후 낡아진 개다리소반에 다 쏟아놓고 썩은 콩, 되다만 콩, 그리고 우울 덩어리까지 다 가리어내었다. 한참 후 부르르 끓어오른 온콩끼리의 콩죽 맛을 서둘러 입매 해본 후에, 싹둑싹둑 자른 아기 쑥들 신나도록 투영시키니 연녹색 향의 새로운 맛에 어렸을 적 입맛 그대로 회향懷鄕할 수 있었다.

—「울증, 애쑥콩죽으로 달랬다」 부분

이 작품은 단일 연으로 구성된 산문시의 형태를 취하고 있으며, 화자의 물리적·심리적 이동을 따라 전개되는 서사적 구조를 보인다. 전체적으로 우울감의 발생→자연과의 만남→기억의 소환→치유의 실현이라는 4단계의 순환 구조로 이루어져 있다. 화자는 "아침나절 자투리 시간"이라는 일상의 틈새에서 시작하여, 한강가→집→기억 속 고향→현재의 치유된 상태로 이동한다. 이러한 공간의 확장은 동시에 시간의 확장(현재→과거→현재)과 맞물려 있어 입체적인 서사 구조를 형성한다. "참하고 말쑥한 것만 솎고 솎았는데도"에서 보이는 선별적 행위는 삶에 대한 의지적 태도를 보여준다. "하얀콩에 꿀꿀한 마음까지 훌훌 다 덧뿌려"라는 표현은 물질과 감정의 결합을 통해 치유 과정을 형상화한다. 특히 "썩은 콩, 되다만 콩, 그리고 우울 덩어리까지 다 가리어내었다"는 구절은 이 시의 핵심이다. 물리적 행위(콩 고르기)와 심리적 행위(우울

감 제거)를 병치시켜 치유의 메커니즘을 구체적으로 보여준다. 거창한 해결책이나 철학적 명제 대신 일상의 작은 행위들—애쑥 캐기, 콩 고르기, 죽 끓이기—를 통해 마음의 평화를 되찾는 과정을 보여준다. 이는 삶의 치유가 특별한 곳이 아닌 일상의 틈새에서, 자연과의 소통에서, 과거와의 화해에서 가능함을 시사한다.

> 빛 부신 햇살 내려앉은 산야에/ 겨우내 차가운 기운 떠 올리며/ 솟구치는 생명들이 반갑게 맞는다// 방긋 웃어주는 쑥 몸 데워주며/ 매콤하지만 소화도우미 산달래와/ 싱그러운 맛 냉이는 뿌리까지다/ 여기에다/ 움켜쥔 애기주먹의 고사리/ 갓 터트린 뭉툭한 새순 두릅/ 연초록빛 엄나무 새잎 등/ 모두 버물리어 비빈 다음/ 고명으로 사랑 마음을 얹는다// 쏟아지는 이른 봄볕에 시달리어/ 여러날 나른해지는 몸이다/ 입맛까지 잃어 밥투정 하였었는데/ 살아난 밥맛에 밥그릇만 키웠다.
>
> —「신선 비빔밥」 전문

이 시는 자연이 주는 향기, 빛깔, 맛을 통해 감각적으로 삶을 긍정하는 작품이다. 겉으로는 평이한 언어지만, 내면에는 생명에 대한 경외가 묻어난다. "사랑 마음을 고명으로 얹는다"는 구절은 삶이 결국 나눔과 정서적 교류라는 사실을 일깨운다. 재료는 단지 음식이 아니라 '회향'과 마음치유의 매개가 된다. 이는 자연을 단순한 배경이 아니라 삶의 지혜를 품은 스승으로 삼기에 가능했다.

당신이/ 가장 아름다운 것은/ 숱한 꽃 작품 겨루기에서/ 빼어난 자태 때문만도 아니라오// 당신으로부터/ 적시어진 진정한 감동이/ 나의 심원에 환한 웃음 피워준/ 낮은 자세의 그 우아함에서라오.
　　　　　　　　　　　　　　－「겸손 1」부분

낮게 엎드린 저 민들레/ 이제 여름 맞으면서/ 자줏빛 줄기 하나 곧게 세우고/ 하얀 꽃잎 조용히 퍼트리며/ 고운 꽃의 꽃술을 이루어내면서/ 비로소 속내 훤히 보여줄 것이다
　　　　　　　　　　　　　－「겸손과 비움」부분

맑은 머리와/ 하얀 마음으로/ 고개 숙이고/ 허리까지 낮추며/ 속 깊은 자신감으로/ 남 먼저 높이어 앞세워 주며/ 조용히 살아가는 할미꽃이다/ 젊어서 꼬부랑은/ 보랏빛 꽃잎 곱게 열었다가/ 때에 이르르면/ 다소곳이 꽃잎 닫지만/ 늙어서도 그냥 꼬부랑이다/ 저 할미꽃의 높고 귀한 삶/ 고이 받든다.
　　　　　　　　　　　　　－「존귀한 상 1」전문

　시인은 겸손을 덕목이 아니라 '존재의 방식'으로 끌어올린다. 「겸손 1」과 「겸손과 비움」에서는 인간 존재가 가장 아름다울 때는 "낮은 자세의 그 우아함"을 갖출 때라고 말한다. 이는 도덕적 이상이 아니라 살아낸 체험으로부터 뽑아낸 진실이다. 「존귀한 상 1」의 할미꽃은 삶의 자세 그 자체다. "젊어서 꼬부랑은/ 보랏빛 꽃잎 곱게 열었다가/ 때에 이르르면/ 다소곳이 꽃잎 닫지만/ 늙어서도 그냥 꼬부랑이다"는 시구는 물러서며 살아가는 존재의 위엄을 드러낸다. 꽃마저 허리를

숙이는 자연 앞에서, 사람은 오히려 자만한 존재라는 성찰을 던진다.

> 사람은/ 세상 살아가면서/ 언제나/ 어디서라도/ 부끄러움을 알아야 하고/ '사랑'으로 시작하여/ '정의'로 지탱하여야 하며/ '존중'으로 질서를 잡는다/ 밝은 '지혜'로 큰길을 찾아가며/ 배려와 양보하는 마음과/ '믿음'으로 관계를 엮는다/ 그리고/ 일상에서는/ 제일의적생활第一義的生活과 함께/ 가려진 곳, 어두운 곳에/ 밝은 촛불이 되어/ 참빛 줄기의 역사役事가/ 이루어져야 한다.
> ―「사람됨됨이」 전문

> 살아있는 몸은 부드럽고/ 번득번득 윤기가 넘친다/ 따듯하고 고운 마음 가질 때가/ 도에 가까운 것이고/ 속내에서 밝아지는 미소는/ 진실한 삶 걷는 지름길이다/ 바람[希]에서 욕심부리지 않고/ 속마음 텅텅 비워버리면/ 그것도 참삶으로 가는/ 도에 가까운 바른길이다.
> ―「도道에 가깝게 1」 전문

「사람됨됨이」와 「도에 가깝게 1」은 인간 존재가 지향해야 할 삶의 자세에 대해 명상적으로 탐구한다. 시인은 일상의 윤리와 내면의 수양을 통해 '참된 인간됨'과 '도에 가까운 삶'의 길을 제시한다. 「사람됨됨이」에서 "언제나/ 어디서라도/ 부끄러움을 알아야 하고/ '사랑'으로 시작하여/ '정의'로 지탱하여야 하며"라고 말하는 시인의 어조는 단호하다. 이 진술은 단순한 도덕적 교훈에 머물지 않고, 인간의 기본적 양심과 사회적 책임감을 환기하는 윤리적 선언이다. "'존중'으로 질서를 잡는다/ 밝은 '지혜'로 큰길을 찾아가며/ 배려와 양보하는 마음과/ '믿음'으로 관계를 엮는다"는 구절에서는 내적 성숙과 타자에 대한 도덕적 감각이 필요하다는 메시지가 드러난다. '밝은 지혜'와 '배려'를 동시에 언급함으로써, 지성과 감성의 조화를 삶의 핵심 덕목으로 제시한다. "가려진 곳 어두운 곳에/ 밝은 촛불이 되어/ 참빛 줄기의 역사役事가/ 이루어져야 한다"는 종결부는 공동체 속에서 빛을 나누는 실천적 삶의 중요성을 제시한다.

「도에 가깝게 1」은 외적 윤리보다는 내면의 상태에 집중하면서 동양적 수양관의 핵심을 투영하고 있다. "살아있는 몸은 부드럽고/ 번득번득 윤기가 넘친다"는 말은 노자 철학의 '부드러운 것이 강한 것이다'라는 개념과 맞닿는다. 이어 "따듯하고 고운 마음 가질 때가/ 도에 가까운 것이고"라는 진술은 인간 내면의 평온과 자비가 곧 도의 본령이라는 메시지를 드러낸다. "속내에서 밝아지는 미소"는 '진실한 삶'의 지표로 제시되는데, 자기 존재에 대한 투명한 수용과 긍정의 결과이기도 하다. "바람[希]에서 욕심 부리지 않고/ 속마음 텅텅 비워버리면"이라는 구절은 비움의 미학을 통해 삶의 본질을 되새긴다.

「사람됨됨이」가 타자에 대한 윤리적 태도와 사회적 실천을 강조한다면, 「도에 가깝게 1」은 자기 존재의 내면적 조화와 비움을 강조한다. 전자는 '함께 사는 삶'

의 지향을, 후자는 '스스로 사는 삶'의 방식을 말한다. 이 두 시는 각각 외면적 윤리와 내면적 수행의 두 기둥을 통해, 진정한 인간다운 삶이란 결국 타자를 품으면서도 자신을 단련하는 균형 속에 있음을 보여준다.

김인호 시인의 또 다른 특징은 정서적 원형으로서의 '고향'을 근원적으로 다룬다는 점이다. 「커다란 거울」, 「수족지애手足之愛」, 「효자손」 등에서는 '가족'이란 공동체가 감정의 기반이 되는 터전으로 재현된다. 집을 정리하다가 발견한 선물을 다룬 「효자손」에 등장하는 '자자히 긁어올리는 모습'이나 '등 구부린채'는 육체적 기억을 넘어, 고단한 한국적 삶을 견딘 세대의 무거운 존엄을 품고 있는 형상이다. 시인에게 고향은 단순한 기억의 배경이 아니라 존재의 근원성과 감정의 진실함을 길어 올리는 생의 원류로 기능하다. '고향'은 김인호 시의 시적 체온을 결정짓는 중심 무대이다. "고향집 뒤꼍 양지바른 장독대"(「사랑나무」), "봄날, 그립던 고향"(「겸손과 비움」), "진솔한 밤의 묵혀진 우정"(「고향의 맛 (2)」), "그리운 고향 옛집 부엌"(「아깝지 않은 마중물」), "고향 산천은 평화로운 총천연색"(「고향의 그림 '옛정'」), "마음속 고향의 애틋한 그리움"(「아침고요 1」) 등에서 고향은 '추억의 장소'에 머무르지 않고, 삶의 윤리를 형성하는 정신적 배경으로 확장된다. 이러한 고향 의식은 가족과 고향을 일체화하면서 정서의 근원으로 재현하는 방식으로 드러난다.

김인호 시인의 작품 세계는 한 사람의 삶을 밀도 높게 살아낸 흔적이 담겨 있다. 아버지의 어깨, 애쑥의 향기, 신혼부부의 사랑나무, 그리고 보랏빛 할미꽃까지 – 이 모든 것들은 결국 '어떻게 살아야 할까'를 묻는 질문 앞에서 조용히 대답하고 있다.

  김인호 시인은 화려한 수사나 파격적 전개보다는 구어체에 가까운 직설적인 문체를 구사한다. 수사적 기교보다는 경험의 진정성과 감정의 진솔함을 우선시하는 이런 태도는 '시적 긴장'보다는 '진정성 있는 말 걸기'의 자세로 읽힌다. 말의 진심으로서, 시의 순도를 결정하고자 한 것이다. 이번 시집에 수록한 시들은 기교보다 삶의 온기를, 사유보다 정서를 우선한다. 외면의 미학보다는 내면의 정직함을, 의미의 밀도보다는 마음의 온기를 중심에 둔 때문이다. 김인호 시인의 시선은 일상의 기록 속에서 '사람됨'과 '진심'을 건져 올리는 '물 솟아오르는 옹달샘'을 향하고 있다. 행복은 곁에 있는 '사람'에게서 온다는 진리를 실천하면서 '시심의 진정성'을 끈질기게 탐구하는 이 시집은 한국 시문학이 지켜내야 할 정직한 시 정신의 구현이기도 하다.

순수시선 697

옹달샘,
새 물 솟아오름이 진한 행복 아닐까

김인호 지음

2025. 9. 25. 초판
2025. 9. 30. 발행

발행처 순수문학사
출판주간 朴永河
등록제2-1572호

서울 중구 퇴계로48길 11 협성BD 202호
TEL (02) 2277-6637~8
FAX (02) 2279-7995
E-mail ; seonsookr@hanmail.net

저자와의 합의하에 인지를 생략함
잘못된 책은 바꾸어 드립니다

ISBN 979-11-91153-90-3

가격 15,000원